香港國際詩歌之夜 2013
INTERNATIONAL POETRY NIGHTS IN HONG KONG

編輯 Editors

北島 Bei Dao

陳嘉恩 Shelby K. Y. Chan

方梓勳 Gilbert C. F. Fong

柯夏智 Lucas Klein

馬德松 Christopher Mattison

沃瑟・拜麗耶
Aase Berg

目錄 Contents

1 **Ansiktet av Ivo** 8
伊沃的面孔
The Face of Ivo

2 **Kermadec-graven** 14
克列瑪德克海溝
The Kermadec Grave

3 **I reaktor** 20
在反應堆裏
In Reactor

4 **Hålval** 26
孔鯨
Hole Whale

5 **Föda gummi** 29
生下橡膠
Birth Rubber

6 **Späckhuggaren –** 32
食肉鯨——
Blubber Biter—

7 **Valnöt** 35
胡桃
Whalenut

8 **Mamma val** 38
母鯨
Mom Choice

9 **Ouroboros** 41
銜尾蛇
Ouroboros

10 **Genomskinlig drake** 45
透明的龍風箏
See-through Dragon

11 **Sjunka in** 49
沉入
Sink in

12 **Bottenlös basgång** 52
無底的基礎通道
Bottomless Bassline

13 **Stilleben** 55
靜物
Stiff Life

14 **Enigmat heimat** 58
謎團的家園
Enigmat Heimat

15 **Mudderverk** 61
挖泥裝置
Dredging

16 **Faröver friväg** 65
越過自由路
Travelover Freeway

17 **Överburen** 68
過載
Overcarried

18 **Föraren** 72
司機
The Driver

19 **Smärtmätare** 75
疼痛測量儀
Pain Meter

20 **Indrid Cold** 78
因德利德 · 寇爾德
Indrid Cold

21 **Ingen förstår varandra** 82
無物互相理解
Nobody Understands Each Other

22 **Syssel** 86
活兒
Pottering

23 **Skogsöga** 89
森林之眼
Forest Eye

24 **Den stillastående rörelsens krig i kitten** 92
貓身上靜立動作的戰爭
The Stillstanding Movement Around the Cat

25 **Stenen** 95
石頭
The Stone

26 **Hönornas andedräkt** 98
母雞們的氣息
The Hens' Breaths

27 **Hönskören:** 101
母雞合唱團：
The Hen Choir:

1 Ansiktet av Ivo

Mot ansiktet av Ivo i en katedral av vridning genom flera dygn i stålet.

Uppåt dimensionerna kan Ivo klättra dunkelblå i högsta ferristornets skenor – utmed stängerna av geometrisk riktning mot det tunga självet.

Kontinenten tippar långsamt utför sockelstupet. Kan det finnas yttre rum att människan ta vägen? Här vid plattformen förankras katedralerna med pelare i havet. Det fanns olja här på 1990-talet. Övergivna salar ylar klockrent tomma, här är även brist på hägringsfenomen. Oljetornens grova borrar mal i djupet. Där finns ingenting att hämta i den tömda havspulsådern.

Spel av lager mellan högre skyars vindar. Moln i nattlysande bågen har i spectrum motsatt ordning.

Dimensioner krökta under oerhörda avstånds svindel.
Spel mot ansiktet av Ivo under mina händers dödligt
lugna vattenmjölk.

(Ur *Mork materia*, 1999)

伊沃的面孔

在一個鋼鐵中經歷數個晝夜扭曲的大教堂中面對伊沃的面孔。

朝這些維度上伊沃可以攀登到最高摩天塔軌道中的深藍色——沿那些幾何方向的指路棒朝著那個沉重的自我。

這塊大陸沿著地基的絕壁緩慢地傾倒。會有人類出走的更多空間嗎？大教堂在板塊這裏落錨，圓柱栽入海中。二十世紀九十年代這裏有過石油。遺棄的廳堂咆哮著澄清透明的空蕩，這裏甚至缺少海市蜃樓現象。石油鑽塔的巨大鑽頭在深處碎成齏粉。在清空的海洋動脈裏已經沒有任何東西可以獲取。

在較高大氣層各層次的風之間玩弄。夜晚發光的虹霓中雲彩有著在光譜中對立的秩序。

龐大距離的眩暈之下這些維度彎曲起來。
在我雙手死亡般平靜的水乳下面對著伊沃的面孔玩
弄。

(陳邁平譯)

譯註：

標題中的「伊沃」(Ivo)，據詩人自己介紹，只是自己創造的名字，聽起來如古代神話人物，能馳騁宇宙，這種顯然非瑞典化的名字也是希望給讀者一種超民族的感覺，進入符合詩歌內容的更大空間的想像。「水乳」(vattenmjölk) 一詞在瑞典語中本不存在，為詩人自己創造，用「水」(vatten) 和「奶」或「乳汁」(mjölk) 這兩個詞拼成。沃瑟・拜麗耶作為超現實主義詩人，其詩歌特點之一就是創造自己的詞彙，表現超越現實的意象，讀者應予特別注意。

The Face of Ivo

Against the face of Ivo in a cathedral of writhing through days and nights in the steel.

Ivo can climb gloom-blue up through the dimensions in the girders of the highest Ferris Tower—along the beams of geometric direction toward the heavy self.

The continent tips slowly into the base chasm. Is there any outer space where people can go? Here by the platform, the cathedrals are anchored with pillars in the ocean. There was oil here in the 1990s. Abandoned halls howl bell-clean empty, there is even a lack of mirage phenomena. The oil tower's coarse drills grind in the depth. There is nothing to collect from the emptied ocean-pulse vein.

Flutter of strata between the winds of the higher skies. The spectrum of the night-glowing bow has the opposite order.

Dimensions bent from incredible distance-vertigo.
Flutter against the face of Ivo beneath my hands'
 deadly calm water milk.

(Translated by Johannes Göransson)

2 Kermadec-graven

> ”Magnetiserade mineral bevarar i sig ’bilden’ av det magnetfält som rådde då bergarten bildades.”

Ska pressa rummen genom dig, ska pressa rymden ut ur dina höljen. I choran från de fjärran eldar, raffinaderier skjuter ut magnesium mot nattlysande bågen. Submikroskopiska kristallgroddar i skalömsning, hörs klirrandet och sprakandet från starka kärnors omstöpning till tyngre massa. Pangea skaver sig mot grunden söker vrida ryggen Reykjanes ur lägets låsning.

De undre bergskedjornas sprickverk löper systematiskt genom benskelettets stänger Ett hål slår upp i väggen vid mig. Ett ansikte av stål slår ut ur väggen vid mig. Du bryter ut mekanisk ur den sista väggens vävnad. Du stryker dina klor mot mina korngränsytor. Det enda kött som bär är då din salta däggdjurstunga. Den rör sig mot min ögonglob, emaljens sista ryckningar av verklig smärta. Vid hudlinjen går korn i korn och naglar oss vid stålformens varandra. Som gjutna i ett block ska vi gå in i materialens tystnad.

I djupet under oss ska ryggradsröret Golfströmmen vid jordens åder sakta stelna till en tunneltub av evigt hållfast urmetall.

(Ur *Mork materia*, 1999)

克列瑪德克海溝

「磁化礦物本身保存於岩石形成時相關磁場之『圖像』中。」

要壓迫空間來通過你，要將太空從你的套子裏壓出來。在來自那些遙遠火焰的太陽氣體裏，煉油廠朝著夜晚發光的虹霓射出鎂。能聽到在亞顯微鏡下才能看到的脱殼中的水晶胚芽從強硬核心蜕變成更重物質的丁零噹啷和劈里啪啦的聲音。盤古大陸對著基礎磨損自己力求將雷克雅維克地脊扭動出鎖定狀態。

那些底下的山脈鏈接的骨折通過骨骼多個柱子在系統地進行著。一個洞在我旁邊的牆壁上打開。一個鋼鐵面孔從我旁邊的牆壁伸出來。你機械地從最後那堵牆壁的肌理組織掙脱出來。你把你的爪子朝我的顆粒邊界表面摸來。那時所帶的唯一的肉是你的鹹的哺乳動物舌頭。它朝我的眼球移動，琺瑯瓷釉的真正的痛苦的最後抽搐。在皮膚界線的地方顆粒連著顆粒，把我們像釘在十字架上一樣釘在鋼鐵形式的彼此之處。我們像被鑄造在一個凝固體裏，進入了這種材料的沉默中。

在我們下面的深處，脊椎管子墨西哥灣暖流會在地球的脈管處慢慢硬化成一個永遠固定不變的由銀金屬構成的隧道管子。

（陳邁平譯）

譯註：

克列瑪德克海溝(Kremadec-graven) 位於南太平洋新西蘭東北方，而雷克雅維克地脊(Reykjanes) 位於大西洋北部海底。

The Kermadec Grave

> "Magnetized minerals remain in 'the image' of the magnetic field that existed when the rock was formed."

Will press the rooms through you, will press the space out of your sheaths. In the chora of distant fires, the refineries shoot magnesium against the night-glowing bow. Submicroscopic crystal germs during shell-shedding, the sound of the clink and sparkle from strong cores being remolded into heavier matter. Pangea chafes against the foundation attempts to twist the spine Reykjanes out of its locked position.

The fissures of the lower mountain chains run systematically through the bone skeleton's beams. A hole erupts in the wall next to me. A steel face bursts out of the wall next to me. Mechanically you break out of the fabric of the last wall. You stroke your claws against grain boundary surfaces. The only meat that holds up is your salty mammalian tongue. It moves toward my eyeball, the last twitches of the enamel are true pain. At the skin-line, grains enter grains and nail us to the steel-form's each-other. As if molded in a block we are going to enter the silence of the materials.

In the depth beneath us, the spinal pipe the Gulf Stream will by the earth's veins slowly congeal into a tunnel tube of eternally solid ur-metal.

(Translated by Johannes Göransson)

3 I reaktor

Berggrunden vrider sin massa och hamnar i rätt hack. Kontinentplattor kantrar och klyvs. Kom Leatherface min älskade, glid in i ansiktet av hemlighetens bestialers längtan. Känn ytberöringen som kokar skakar hårt under den sköra korngränshuden. Kom Golem sjuder under kräldjuren av våra händers kroppar. Vid läderömsningen av blottlagda människoider. Glid in i kyssens tunga tunnelmaterial.

Under skölden krälar, under skölden krälar rabiat och orgiastisk bulimi. Äta in i köttet kräkas älskade och ätas in i köttet kräkas älskade i obarmhärtig blodbultande köttets vanmakts återvändo.

Lyssnar, mäter, kalibrerar: störningar ur yttre rymdens nobusfärer.

Det är inte döden det är kanten fäller ner visiret vi ska riva loss den mörka massan från varandras yttre halo spräck itu och blunda gå i glacialens riktning Ivo klättrar fjärmar mig och jag ner under ytan stim av sångfisk mellan pelarna jag bildar ubåt känner köttets kränkningar men sänder inga ljudsignaler jag behärskar ubåtsväggens plåtar vattenmassorna.

Jag behärskar ubåtsväggens plåtar.
Ivo klättrar heroinet sjunger.
Inför hemlighetens skevnads brant av Intet.

(Ur *Mork materia*, 1999)

在反應堆裏

山峰底座扭動它的大塊物質，落入在正確的刻度上。大陸板塊顛覆翻轉分裂。來吧，我的親愛的皮面人，滑入到這個秘密的人獸的渴望的面孔裏。來感覺這表面接觸吧，它會燒開會在這脆弱易碎的顆粒邊界皮膚下面劇烈抖動戰慄。來吧戈侖魔像，在我們眾多手的身體的爬行動物下面煮沸。在裸露出來的非人擬人類的皮革蛻變的地方。滑入到這個親吻的舌頭隧道材料中。

在盾甲下爬行，在盾甲下爬行著狂暴又狂歡的饕餮。在冷酷無情的血衝擊的肉的無意識的返回可能性之中，吃進了肉吐出了親愛的，被吃進了肉也吐出了親愛的。

傾聽、測量、校準：干擾出自外部太空的諾布大氣層。

這不是死亡這是邊緣倒下盔甲瞄準器我們要從彼此的外在光圈分裂為二拆毀這個黑暗的大塊物質而且閉眼走入冰河的方向伊烏攀登遠離我而我下至表面之下在圓柱之間會唱歌的魚的魚群我構建了潛艇感

覺到肉的侵犯但是並沒有發出聲音訊號我控制著潛艇艙壁的鋼板大批大量的水流。

我駕馭著潛艇艙壁的鋼板。
伊烏攀登海洛英下沉。
就在虛無的秘密的傾斜的峭壁之前。

（陳邁平譯）

譯註：

皮面人(Leatherface) 是美國恐怖片《得克薩斯鏈條鋸謀殺》主角，以人皮蒙面。戈侖魔像(Golem) 源起於猶太教，本是黏土製作的人偶，靠魔咒而獲得生命，可以行動。近代戈侖魔像常在電子遊戲和奇幻小說中出現，且材質不限於黏土，可包含金屬、石頭、布料及人類屍體等等。諾布大氣層(nobusfärer) 是詩人自創的一個大氣層的名稱。

In Reactor

The bedrock wrenches its mass and ends up in the right notch. Continental plates topple and are cleft. Come Leatherface, my love, glide into the face of the secret's bestial longing. Feel the surface contact that boils shakes hard beneath the fragile grainboundaryskin. Come, Golem simmers beneath the crawlanimals of our hands' bodies. At the leather-shedding of exposed humanoids. Glide into the heavy tunnel material of the kiss.

Beneath the shell crawls, beneath the shell crawls a frenzied and orgiastic bulimia. To eat into the meat puke beloved and be eaten into the flesh puke beloved in merciless bloodthrobbing flesh's powerless return.

Listen, measure, calibrate: disturbances from the nobuspheres of outer space.

It is not death it is the edge folds down the visor
we will tear loose the dark matter from each others
outerhalo crack apart and close eyes move toward the

glaciality Ivo climbs me away and I down beneath the surface shoal of song fish between the pillars I form submarine feel the violations of the flesh but do not emit any warning signals I master the plates of the submarine the water masses.

I master the plates of the submarine wall.
Ivo climbs the heroin sings.
Before the secret's warp slope of Nothing.

(Translated by Johannes Göransson)

4 **Hålval**

Valar vill vatten
hålrum i vatten
lättnad i fettnad
rymmen i späck

(Ur *Forsla fett*, 2002)

孔鯨

鯨魚們要水
水中空間有孔
脂肪中的輕鬆
逃亡在油脂中

(陳邁平譯)

譯註：

標題「孔鯨」(Hålval) 為詩人自己創造的詞，有「孔」(hål) 和「鯨魚」(val) 兩詞拼成。而「鯨魚」一詞在瑞典語裏也有「選擇」之意，可表示「孔的選擇」。

Hole Whale

Whales want water
hollow in water
lightness in fatness
flight in blubber

(Translated by Johannes Göransson)

5 **Föda gummi**

Gummitumlaren glider
längs oanerna av tid
Eonerna av ekotid
Man kastar sig mot väggar
av sin motsats

(Ur *Forsla fett*, 2002)

生下橡膠

橡膠海豚滑行
沿著時間的年紀
生態時代的紀年
人把自己扔向牆壁
自身的對立

（陳邁平譯）

譯註：

「年紀」原文“oanerna”在瑞典語中並不存在，為詩人自己創造的詞，但發音和表示一長久歷史時期的「紀」(eonerna)接近，也能聯想到「大洋」(oceanerna)、「綠洲」(oaserna)的詞。挖掘詞彙的多義也是沃瑟·拜麗耶詩歌特點之一。

Birth Rubber

The rubber tumbler glides
along the uneons of time
The eons of echo time
One rams into walls
of one's opposite

(Translated by Johannes Göransson)

6 **Späckhuggaren –**

här hänger hugget
väntande på späck
i många tusen år
av långsamhet

(Ur *Forsla fett*, 2002)

食肉鯨——

這裏懸掛著一擊
等待著肥肉
等了好幾千年
緩慢的千年

（陳邁平譯）

Blubber Biter—

here hangs the bite
waiting for blubber
for many thousand years
of slowness

(Translated by Johannes Göransson)

7 **Valnöt**

valnöt,
skalnöt
skalle nöter
skalpen inifrån

(Ur *Forsla fett*, 2002)

胡桃

胡桃仁
殼果仁
腦勺從裏面
撫摸著頭皮

(陳邁平譯)

譯註：

瑞典語「胡桃仁」(val)、「殼」(skal)、「頭顱」(skalle) 與「頭皮」(skalp) 中都有音節 "al" 或 "skal"，有頭韻特點。而「果仁」(nöt) 和「撫摸」(nöter) 中都有音節 "nöt"，有尾韻特點。

Whalenut

whalenut,
shellnut
skull grinds
the scalp from within

(Translated by Johannes Göransson)

8 **Mamma val**

Amma val
Valyngelskal
Ge harmjölk,
alla val
är samma val

(Ur *Forsla fett*, 2002)

母鯨

餵奶給鯨
幼鯨殼
給野兔奶
所有的鯨
是同樣的鯨

（陳邁平譯）

譯註：

詩人使用瑞典語的多義詞。瑞典語「鯨魚」(val) 與「選舉」為同一詞。因此最後兩行也可以翻譯為「所有的選舉是同樣的選舉」。

Mom Choice

Nurse whale
Whalebroodshell
Give hare-milk
all whales are
the same whale

(Translated by Johannes Göransson)

9 **Ouroboros**

värka ut ur tuggom
väcka tidens tand
vinka klumpt korallisk
huggorms kladdinghand

äggu! hättä!, äsping
gapet av en gäsping
gaddvampyrets giftsting
biter på ingenting

lindorm ömsar summan
av en bitring

(Ur *Uppland*, 2005)

銜尾蛇

疼痛出自嚼顎
喚醒時代的牙齒
招手不雅是珊瑚的
蝮蛇的塗髒手

哦唔！喵唔！雌蝮蛇
一個哈欠張大嘴吐舌
螫刺吸血鬼的毒螫
刺咬在無有一個

林德蟲蛻皮替換
一個咬環的全部

（陳邁平譯）

譯註：

「銜尾蛇」（Ouroboros，亦作「咬尾蛇」），是古希臘神話中吃自己尾巴的蛇，也是流傳至今的循環符號。此詩中也有很多瑞典語中本不存在而詩人自造的新詞的，但也符合瑞典語的組詞規則。如「嚼顎」(tuggom) 由動詞「嚼」(tugga) 和「上顎」(gom) 構成，中譯因此也創造新詞「嚼顎」。「蝮蛇」(huggorm) 其實也由動詞「嚼」(hugga) 和「蛇」(orm) 構成，與「嚼顎」諧音。此外，「疼痛」(värka)、「喚醒」

(väcka) 及「招手」(vinka) 等詞都由字母“v”開頭，有頭韻特點。第二段中「雌蝮蛇」(äsping)、「哈欠」(gäsping)、「毒螫」(giftsting) 和「無有一個」(ingenting) 和第三段「咬環」(bitring) 都有“ing”音節，為尾韻。「林德蟲」(lindorm) 既為北歐神話中的巨蛇（見上圖），如飛龍可飛但沒有翅膀，同時又是一個著名瑞典詩人的姓名。此外「哦唔！喵唔！」（原文äggu! hättä!）都是詩人模仿嬰兒發音的像聲詞。據詩人介紹，此詩集中數首以神話動物為背景的詩歌都是為自己當時的新生嬰兒所作。

Ouroboros

ache out of chewup
wake time's tooth
wave clumped corallic
stingviper muckhand

äggu! hättä!, viper
the gape of a yawning
vampirebiter's poison sting
has no bite

swaddle snake sloughs off sum
of a teething ring

(Translated by Johannes Göransson)

10 Genomskinlig drake

Vidlyftiga planen
Högtflygande matta
ända bort till Ängland
flight längs lustprincipen
Vindrodret vibrerar
på ryggen av en sfinx

Inuti är hemlikt
eko mot madrassen
cellen vaddrasserad
infällt landningsställ

Verkligheten vilar
hängförtöjd i luften
Tvärsäker i tomrum,

hudlös drakskinnsfäll

(Ur *Uppland*, 2005)

透明的龍風箏

巨大的飛機
高高飛翔的毯子
竟然到達恩格蘭那邊
沿著慾望原則的飛行
在人面獅身的脊背上
震動著風向舵

裏面像個家
迴聲對著床墊
腔體塞滿棉絮
摺疊成著陸之地

現實在休息
懸置固定在空氣裏
在空間裏橫著安全

沒有皮膚的龍皮

（陳邁平譯）

譯註：
此詩玩味多義詞，如「飛機」(planen) 在這裏本是多義詞，

也有「計劃」的意思。「風箏」(drake)在瑞典語裏和「龍」也為同一詞，故標題包容兩意「透明的龍風箏」，因此最後也提到「龍皮」。「恩格蘭」(Ängland)為作者想像的神話國度，也可視為嬰兒發音不準而將「英格蘭」讀為「恩格蘭」。

See-through Dragon

Widesoaring planes
Highflying carpet
all the way to Meadowland
flight along the lust principle
Wind rudder vibrates
on the back of a sphinx

Inside is homelike
echo against mattress
the cell wadded
folded-in landing gear

Reality rests
hang-stretched in air
Cocksure in vacuum,

skinless dragon hide

(Translated by Johannes Göransson)

11 **Sjunka in**

len och basiskt brännkall
lugnet under stormen
blanka bubblor sjunker
tröga trygga vagga
bråddjupt blågrönt blåsljud
självstrålande dunkel
matter of time
fluid immotion
seabed, ocean floor
vatten brinner i fluor med ljus låga

(Ur *Loss*, 2007)

沉入

柔軟而鹼性的燒灼之冷
風暴之下的安寧
空白的泡沫沉下
緩慢安全搖晃
海底陡峭深淵藍綠風聲
自身發光的黑暗
時間問題
液體滯動
海床，大洋地板
水在帶光舌的氟中燃燒

（陳邁平譯）

譯註：

本詩有許多頭尾韻轉換，如「緩慢」(tröga)、「安全」(trygga) 都用"tr"開頭，而「安全」(trygga) 和「搖晃」(vagga) 又都以"gga"結尾。「海底陡峭深淵藍綠風聲」(bråddjupt blågrönt blåsljud) 都用"b"開頭。詩中也夾雜英文詞組，如「時間問題」(matter of time)，「液體滯動」(fluid immotion) 和「海床，大洋地板」(seabed, ocean floor) 等。「地板」(floor) 和「氟」(fluor) 諧音。

Sink in

soft and basically burning cold
the calm beneath the storm
blank bubbles sink
slow safe cradle
steep-deep blue-green blow-sound
self-radiating darkness
matter of time
fluid immotion
seabed, ocean floor
water that burns in fluorine with bright flame

(Translated by Johannes Göransson)

12 **Bottenlös basgång**

Basiskt syns inte, känns inte, hörs inte.
Tunga kroppar flyter upp när de har sjunkit.
Skräck har samma smak som önskan.
Ektoplasma tålamodets raseri.

(Ur *Loss*, 2007)

無底的基礎通道

鹼性地看不見，感覺不到，聽不見。
沉重的身體在已沉下時浮上來。
恐懼和希望有同樣的滋味。
鬼魂附體耐心的瘋狂。

（陳邁平譯）

譯註：

此詩中「鬼魂顯形」(ektoplasma)，原為希臘語“ektos”（外在）和“plasma”（成形）的組合，現代人用來指通過招魂術而引來的鬼魂依附之形體。

Bottomless Bassline

Basic is not visible, can't be felt, can't be heard.
Heavy bodies float up when they have sunk.
Fear has the same taste as desire.
Ectoplasma the rage of patience.

(Translated by Johannes Göransson)

13 **Stilleben**

Ett drag av spökfukt
genom mänskolivet
Seismisk massa,
tryckande och rå
Mitt öga möter inte blicken
hos mitt andra öga
Den som tittar i kors
kan bli sån.

(Ur *Loss*, 2007)

靜物

一種鬼濕的氣息
通過人的生活
地震般大量，
壓著的和生疏的
我的眼睛在我另一隻眼睛那裏
沒有遇到這種目光
那在十字中窺視的
就會成為這樣。

（陳邁平譯）

Stiff Life

A hint of ghost-moisture
through human life
Seismic mass
pressing and raw
My eye doesn't meet the gaze
of my other eye
The one with crossed eyes
can become like that.

(Translated by Johannes Göransson)

14 **Enigmat heimat**

Klumpar av heffa,
människolik,
gehör det infravanliga:

fortfarande försvinnarbanor
där förlopp är försprång

(Ur *Loss,* 2007)

謎團的家園

肥肉的團塊，
人屍一般，
聽覺超出平常：

依然是消失著軌道
那裏過程先行

（陳邁平譯）

譯註：

本詩標題原文"Enigmat heimat" 出自德語，「家園」(heimat) 還有「秘密」之義，根據弗洛伊德的說法兩者有關聯，暗示人的家園心理。兩詞在現代瑞典語詞彙中不存在，而在古瑞典語或古挪威裏出現，在現代冰島語中仍使用。在英語兒童文學維尼小熊(Winnie the Pooh) 的故事中出現過"Heffalump"，瑞典語為"heffaklump"，指一個肥大結塊的怪物，當代英語城市詞彙中用"heffa"指肥胖的女人。詩人將此詞分為二並倒裝，本句即成為"klumpar av heffa"，翻譯為"肥肉的團塊"。

Enigmat Heimat

Heffalump
human-like
responds to the infra-normal:

Still disappearing courses
course of events is a course ahead

(Translated by Johannes Göransson)

15 **Mudderverk**

Stilla lilla hjärta
djupt försjunken guldklimp
helig andas graalen
inte vara mörkrädd
Röntgensinnligt trevande
tentakler ringlar

Se men inte röra
klåfingriga fingrar
Lackmuspappret, kraken,
kameleonten, dronten –
osläckt kalk
som strålande ur alla delar
spränger upp mot ytan,
spräcker horisonten

(Ur *Loss*, 2007)

挖泥裝置

安靜的小心臟
深深沉入的金塊
聖靈呼吸之杯
並不恐懼黑暗
X光透視感地摸索
觸鬚盤繞爬行

瞧瞧，但是不要動
好管閒事的指頭
石蕊色質試紙，可憐蟲
變色蜥蜴，嘟嘟鳥——
生的石灰
所有部分向外發光
朝著表面炸開，
將地平線裂開

（陳邁平譯）

譯註：

在《聖經》中本來有「聖杯」（瑞典語Den heliga graalen）之說，本詩中的「聖靈呼吸之杯」(helig andas graalen) 是在中間加了"andas"一詞，既有「呼吸」意義，而瑞典語此句前半部分也構成「聖靈」(helig and)。「嘟嘟鳥」(dront)，產於印度洋毛里求斯島上的不會飛的海鳥。最後兩句的兩個動詞「炸開」(spränger) 和「裂開」(spräcker) 有頭韻"sprä-"。

Dredging

Still little heart
deeply rapt lump of gold
holy breathes the grail
don't be scared of the dark
x-ray-senses trembling
tentacles curl

Look but don't touch
meddlesome fingers
Litmus paper, the Kraken,
chameleon, dodo—
unextinguished chalice
that radiated out of all parts
explodes up toward the surface,
cracks the horizon

(Translated by Johannes Göransson)

16 **Faröver friväg**

På mötarvägen
flämtar
en överskuggad
blickfläck

utplumpad under
den förbisjungande
dimmosaurons
släp

(Ur *Loss*, 2007)

越過自由路

在相遇道路上
閃爍著
一個影子遮蔽的
閃光污點

濺灑出來
在下沉中經過的
霧氣恐龍的
拖車長裙下

（陳邁平譯）

譯註：

本詩標題「越過自由路」原文為"Faröver friväg"，兩詞都是瑞典語本不存在而詩人自創的詞彙，發音能讓人聯想到英文的"far over freeway"（遠在高速公路上），而意義則可考慮瑞典語詞"far"（旅行）、"över"（之上）、"fri"（自由）和"väg"（道路）。而英文「高速公路」的瑞典文對應詞是"motorvägen"（引擎或發動機道路），詩人有意擬音改為"mötarvägen"（相遇道路）。「閃光污點」(blickfläck) 也是詩人自創詞，來自瑞典語詞"bläckfläck"（墨水污點），而"fläck"（污點）和"flämta"（閃爍著）有頭韻音節。「霧氣恐龍」(dimmosauron) 為自創詞，由"dimma"（霧氣）和"dinosaurie"（恐龍）拼湊成。最後一個詞"släp"既是「拖車」又有「長裙」雙重意義。

Travelover Freeway

On the meeting road
flickers
an overshadowed
inkblot

plumpted out beneath
the drag
of the singing-past
fog-saurons

(Translated by Johannes Göransson)

17 **Överburen**

Förlorad högväg
rullas ut
i framsynen
av hastighet
hos längtan

Från fläck
till nyfläck
stillboren
i minnesöglor
slungade förbi

stillburen, stubborn
oskyddad i
överkänselns baksug

I väntan
på miraklet
att få komma

(Ur *Loss*, 2007)

過載

失去的高速路
被卷開出去
在速度的
前方視野中
在渴望之處

從污點
到新污點
死產兒
在記憶之環中
投擲經過

不動的負載，*固執*
無保護處在
過度敏感者的倒吸中

在等待著
這個奇蹟
能夠到來

(陳邁平譯)

譯註：

本詩中，「死產兒」(stillboren)、「不動的負載」(stillburen) 以及英文出現的「固執」(stubborn，斜體表示)都是聲母 "s" 或 "b" 開頭之音節的諧音。

Overcarried

Lost tallway
rolled out
in the far sight
of speed
with longing

From stain
to newstain
still-born
in memory loops
slunging past

still-carried, stubborn
unprotected in
the oversensitivity's
undertow

Waiting for
the miracle
to get to come

(Translated by Johannes Göransson)

18 **Föraren**

Föröver lust
mot fyren,
ljusskygg ljusskytt
strålkastar
mot jetsvart asfalt,
nästa anhalt:
regnens hav,

där vågor
gjuts i block
och stilla
stelnar.

(Ur *Loss*, 2007)

司機

把慾望往前
朝向燈塔，
光的膽怯光的射擊
前照燈
朝著漆黑的柏油路，
下一個招呼站：
雨的大海，

那裏波浪
澆鑄成塊
而安靜
僵硬。

（陳邁平譯）

譯註：

本詩中，「光的膽怯」(ljusskygg) 和「光的射擊」(ljusskytt) 諧音，也都是詩人自創詞。汽車的「前照燈」（車大燈）和「燈塔」的「探照燈」也是同一詞。

The Driver

Drive-over lust
toward the lighthouse,
light-shy, light-shooter
spotlights
against jet-black asphalt,
next halt:
the rain's ocean,

where waves
are cast in blocks
and slowly
stiffen.

(Translated by Johannes Göransson)

19 **Smärtmätare**

Förövare
Släptåget
släpper loss
a sense of wonder
inget
under dunder:
dol

(Ur *Loss*, 2007)

疼痛測量儀

罪犯
這拖繩
釋放開
一種奇蹟感
無物
在雷鳴之下：
隱

（陳邁平譯）

譯註：

本詩中的「罪犯」(förövare) 和上兩首詩中的「司機」(förare)、「越過」(faröver) 和「把……向前」(föröver) 都諧音。而「拖繩」(släptåget) 與「釋放」(släpper) 諧音。「一種奇蹟感」原詩中為英文“a sense of wonder”，故用斜體表示。此外，「在雷鳴之下」由兩個諧音詞“under”（在……下）和“dunder”（雷鳴）構成。最後一個詞“dol”在瑞典語中不存在，只是“隱蔽”(dolt / dold) 的第一個音節。

Pain Meter

Drive-over-er
Tow train
releases
a sense of wonder
nothing
under dunder:
dol

(Translated by Johannes Göransson)

20 **Indrid Cold**

Stela stavar stricklar
Klossar drömmer isberg

Skelettera skepelse
I inåtvänt magentisk
ruptursion

Massessiv
magnifik
monstruös
mastodont

förföljer hennes tilltagande
språk av kyla

(Ur *Loss*, 2007)

因德利德·寇爾德

僵硬的棍棒*嚴格*清楚
木塊夢見了冰山

將*別船*變為骨骼
在朝內反轉肚子的
破裂中

塊頭大的
輝煌的
怪物的
乳齒象

她的增長追捕著
寒冷的語言

（陳邁平譯）

譯註：

「因德利德·寇爾德」(Indrid Cold) 為一部美國心理小説《茅斯曼預言》(*The Mothman Prophecies*, 2002) 中的神秘怪物之名，2002 年曾改編成同名電影。「寇爾德」英語也是表示「寒冷」。「嚴格清楚」(stricklar) 一詞瑞典語本不存在，為英語"strick"（嚴格）和瑞典語"klar"（清楚）合成。第二段「別船」原文"skepelse"也是瑞典語本來沒有而詩人自創的新詞，"skep"瑞典語為「船」，"else"是英文轉來，表示「別的」，此詞和瑞典語"skelett"（骨骼）有頭韻，而詩人自創將「骨骼」變為動詞。第三段的詞都以字母"m"開頭，第一個詞「塊頭大的」(Massessiv) 瑞典語中本不存在而只有"massiv"（充實的），但"mass"表示「大塊」的意思。「乳齒象」為古代生物。

Indrid Cold

Stiff staffs strickle
Blocks dream icebergs

Skeletize shape
in inward magnetic
ruptursion

Massessive
magnifique
monstrous
mastodon

persecute her accelerating
language of cold

(Translated by Johannes Göransson)

21 **Ingen förstår varandra**

Alla prasslar
Alla väser
Alla bufflas,
påsbråkar,
blåstirrar
blickavglans,
går därifrån
Utsprötar
väsensskilda skogsstreck
grönskimrande glödkanaler –

Under ljuskupolen
av samma mothjärna
oformligt avmätt
och inomhatisk:

Ingen är död nu igen

(Ur *Liknojd fauna*, 2011)

無物互相理解

一切沙沙作響
一切嘶嘶作響
一切頂牛發火
破上爭吵
大眼死瞪小眼
瞥開光澤
從那裏走開
如傘骨撐開
本質相異的森林地帶
綠色閃光的火焰渠道——

在同樣對立腦子的
光芒的圓頂之下
無形式地測量精確
而又在憎惡之內的：

無人現在又是死者

（陳邁平譯）

譯註：

此詩中有很多詞為詩人自己創造，如“påsbråkar”是“på”

（本為介詞「在……上」而發音如「破」）及“bråkar”（本為動詞「爭吵」），譯者如法炮製新詞「破上爭吵」；再如“blickavglans”是由“blick”（動詞或名詞「瞥」）、“av”（介詞為「的」而副詞為「離開」之意）以及“glans”（名詞「光澤」）等三個詞湊成，故譯者泡製為「瞥開光澤」。再如原文“bufflas”也是瑞典文本來沒有而詩人創造的新詞，而和英語的水牛“buffalo”接近，考慮到本詩的語境而譯為「頂牛發火」。

Nobody Understands Each Other

Everyone rustles
Everyone hisses
Everyone buffles,
everyone tussles,
everyone blue-stares
gaze-glows,
goes away from there
Out-spread
essentially different forest lines
green-glowing glow channels—

Under the light dome
of the same anti-brain
unshapely reserve
and insidehateish:

Nobody is dead again

(Translated by Johannes Göransson)

22 **Syssel**

Murmel står stel
bistert beglodd
En kryppla schattlar
kvillersnabbt förbi

Ett smyge
mellan spetarna
ett slimme
mellan bräcken

Ingen skräck finns
i den upptagna stävjan

Inte alla ting
har ett psyke

(Ur *Liknojd fauna*, 2011)

活兒

地撥鼠站立堅硬
苦澀地瞪眼凝視
一個的kryppla schattlar
吱叫聲般快速繞行

在木板之間的
一個隱秘角落
在裂縫之間的
一個緊密空間

在這被佔的障礙之地
找不到任何恐懼

並非一切事物
都有一個心理

（陳邁平譯）

Pottering

Murmle stands stiff
bittery stared at
A lacey of schattles
quillerquick past

A nookery
between the pointers
a slimmery
between the cracks

There is no fear
in this busy check

Not all things
have psyches

(Translated by Johannes Göransson)

23 **Skogsöga**

Griplastaren arbetar
nattetid
med spröt,
migräna ljusklot,
ögonkäglor käkar

Från bottnarna av kreaturen
rosslar ljudlöst gny
det låga tugget
mellan tanketräd
av nattågande klossdjur

I underhugget växer mossa
under ett ögonblick
tittar något annat på mig
genom katten

(Ur *Liknojd fauna*, 2011)

森林之眼

裝卸爪在工作
夜班時間
用細棒，
偏頭痛光球，
圓錐眼窩吞吃

從造物主的底部
咆哮出無聲的噪音
那低的咀嚼
在坐夜行火車的木材動物
思想樹木之間

在下面一口之下生長出青苔
在一個瞬間之內
通過這隻貓
瞧我身上別的什麼東西

（陳邁平譯）

Forest Eye

The grab-loader works
night time
with sprouts,
migraneous light globes,
eye cones scarf

From the bottom of the creatures
rustle soundless whine
the low chewery
between thought-trees
of night-driving block animals

In the underbrush grows moss
for one moment
something else looks at me
through the cat

(Translated by Johannes Göransson)

24 Den stillastående rörelsens krig i katten

Revir, rågång
en surkatt sticker trynet
genom dubbelsurkatts
tryngräns

statistisk elektricitet,
strävstickigt illamående,
slät slemja,
massivt bultande
tumult

(Ur *Liknojd fauna*, 2011)

貓身上靜立動作的戰爭

野林地帶，分界線
一個怒貓刺著豬鼻
通過雙重怒貓的
豬鼻邊界

統計學的電力，
粗野刺痛地噁心，
平坦的黏痰，
大量地打擊著的
騷動

（陳邁平譯）

The Stillstanding Movement Around the Cat

Territory, raw-walk
a sour cat pushes its snout
through the double-sour-cat's
snout boundary

static electricity,
strifesticky nausea,
smooth slimery,
massively pounding
tumult

(Translated by Johannes Göransson)

25 **Stenen**

Stenen kasar
tyngd av
sönderäten sjukdom
millimeter i eonen
närmare
sin mamma

(Ur *Liknojd fauna*, 2011)

石頭

這石頭滑落
吃壞疾病
的重量
恆久世代中的毫米
更加接近
其母親

（陳邁平譯）

The Stone

Stone slides
weight of
eaten-apart sickness
millimeter per eon
closer to
its mamma

(Translated by Johannes Göransson)

26 **Hönornas andedräkt**

Men sjuka hönor släpper sällan livet.
Krumkrampade av marek,
spindelvridna halsar,
hulka sig fram,
äta sin mat,
upp och nerifrån
med spettvinklat huvud.

Då skymtar kanskerörelsen
i kvällsluftens ansamling
inför blänk av vässa
i den stora sångens
självsamhet.

(Ur *Liknojd fauna*, 2011)

母雞們的氣息

但生病母雞極少放棄生命。
被歪扭小橡樹彎曲痙攣，
眩暈地轉動著脖子，
哭泣著到了前面，
吃自己的食物
從上面和下面
用針尖角度的頭顱。

這時或許動作朦朧可見
在夜晚氣息的積聚中
面對著利器的閃光
在那偉大歌曲的
自命不凡之中

（陳邁平譯）

The Hens' Breaths

But sick hens seldom let go of life.
Cram-cramped from Marek's
spider-twisted necks,
hulk around,
eat their food,
upside down
with spit-angled head.

That is when the maybe-movement
in the evening air's assembly
before the blank of sharpness
in the big song's
selfishness.

(Translated by Johannes Göransson)

27 **Hönskören:**

Vi spöglar oss i själva. Vi är vackra som hus, kolossala som spöklar. Vi är legio för vi är många. Vi Omsluter hur många karikatärer som helst. Vi avynglar ett jordklot av hönors Medbestämmanderätt i allmän ägo av det privata livspusslets på hugget antprenörskap.

Vi har fin form som påsar med mjukt. Vi tycker ganska mycket om varandra och vill sova intill varandras kroppar och prata samma språk som vi alla.

Sen tar vi deras mat som är mer fula än vi själv på individnivå.

Tillsammans är vi starka, plastiska i Kosmos Ingen, orädda av storform, oböjbara av världs herra väldet. Utom en & annan av knöligt späk.

(Ur *Liknojd fauna*, 2011)

母雞合唱團：

我們在自己身上造照鏡子。我們像房子一樣美麗，像鏡靈一樣巨大無比。我們數都數不清因為我們太多。隨便多少萬象我們都可以包羅。我們繁殖出一個有母雞參政權的地球，私人生活拼盤的快手企業家大家擁有。

我們有精美的樣子，像袋子般柔軟。我們彼此相當喜愛，願意貼近彼此身體睡眠，我們大家說著一樣的語言。

後來我們就拿牠們的食物，這食物比我們自己在個體層面上還要更加醜陋。

在一起我們就強大，在**虛無宇宙**中可雕可塑，也不懼怕大形式，不會被世界的霸權屈服。只有一兩隻臃腫肥胖的除外。

（陳邁平譯）

The Hen Choir:

We marror us in ourselves. We are beautiful like houses, huge ones that haunt. We are legio for we are many. We Enclose an endless number of characters. We breed a globe hens' Consensus Decision Right into public ownership of the private life-puzzle on a carved antrepreneurship.

We have a fine form that bags with soft. We like each other quite a bit and want to sleep next to each other's bodies and talk the same language as all of us.

Then we take the food from those who are more ugly than we are on an individual level.

Together we are strong, plastic in the Cosmic Nothing, unafraid of big form, unbendable from the world's great kingdom. Except for one or another lumpy straggler.

(Translated by Johannes Göransson)

沃瑟・拜麗耶生於1967年，瑞典女詩人、文學批評家，曾獲瑞典與德國文學獎項。其詩作已被翻譯成多種語言，在美國已出版四部英譯詩集。其早期散文體詩集《與鹿同在》(1997) 和《暗物》(1999) 明顯受超現實主義影響，晦暗而充滿幻覺，怪誕滑稽而具末日氣象。之後她開始創作高密度的短詩，語言則具有實驗性，還出版有根據個人經驗而創作的《母親三部曲》，描寫懷孕、害怕流產及新生兒嬉戲的快樂。儘管她的詩集多少具有政治意味，比方說，她通過某種市場化詞彙來揭示現代經濟及其日常生活結果之間的關聯，但其最新作品將政治性推至極致，她將全球政治的詞彙置於一種古怪地暈頭轉向而五音不全的母雞的合唱之中。書中有些詩作則出自一種「自然的壓倒一切之冷漠」的想法，因為自然對立於自戀的社會與宗教而做出客觀的反應。拜麗耶的作品帶有強烈的自然觀，而她對動物的超乎人類體驗的看法也極有興趣。目前，她正在根據其飼養馬的日常生活經驗而創作一部新詩集。

拜麗耶居住在瑞典北方森林中的一個小農場裡。

Aase Berg was born in Sweden in 1967. She is a poet and a literary critic, and has received literary awards in Sweden and Germany. Her works have been translated into several languages. In USA she has four books published. Her early books, *With Deer* (1997) and *Dark Matter* (1999), are surrealist-influenced collections of dark, hallucinatory, apocalyptic, grotesque and gurlesque prose poetry. Later, she started writing dense, short poems with experimental language, and published *The Mommy Trilogy*, based on her experience of being a mother—pregnancy, the fear of loss and the happiness of kids playing. Her latest book is the most political one, even though all of her poetry collections are political in certain ways; for example, she tries to reveal the lies of the modern economy and its consequenses in everyday life through a kind of marketing vocabulary. In her latest book, she puts the words of global politics in a choir of weirdly confused and dyslectic chickens. The book also contains poems inspired by an idea of "the overwhelming indifference of nature," as nature acts objectively against narrcissistic society and religion. Through all her poetry collections there is also a strong notion of nature, and she is very interested in the perception of animals beyond the human experience. At the moment she is working on a poetry collection based on her everyday life with horses.

Aase Berg is based in the north of Sweden. She lives on a small farm in the woods.

出版 Publisher
香港中文大學出版社 The Chinese University Press

封面影像 Cover Image
北島 Bei Dao

出版日期 Date of Publication
二零一三年十一月 November 2013

國際書號 ISBN
978-962-996-612-6

香港國際詩歌之夜 2013 International Poetry Nights in Hong Kong 2013
主辦單位 Organizers
香港中文大學文學院 Faculty of Arts, The Chinese University of Hong Kong
香港浸會大學文學院 Faculty of Arts, Hong Kong Baptist University
香港科技大學人文社會科學學院 School of Humanities and Social Science, The Hong Kong University of Science and Technology

合作夥伴 In Partnership With
英國文化協會 British Council

協辦單位 Co-organizers
時刻文化 Moment Communications
香港中文大學出版社 The Chinese University Press

贊助 Sponsors
香港兆基創意書院 HKICC Lee Shau Kee School of Creativity
中國會 The China Club
周凱旋基金會 Chau Hoi Shuen Foundation

Printed in Hong Kong